U0137271

黃大仙靈籤開示語錄

黃大仙靈籤總共有一百支，按照吉凶可以分為下面五種：
上上靈籤三支、上吉靈籤十二支、中吉靈籤三十支、
中平靈籤三十七支、下下靈籤十八支。
每支籤都有其特殊的意義。

黃大仙——著

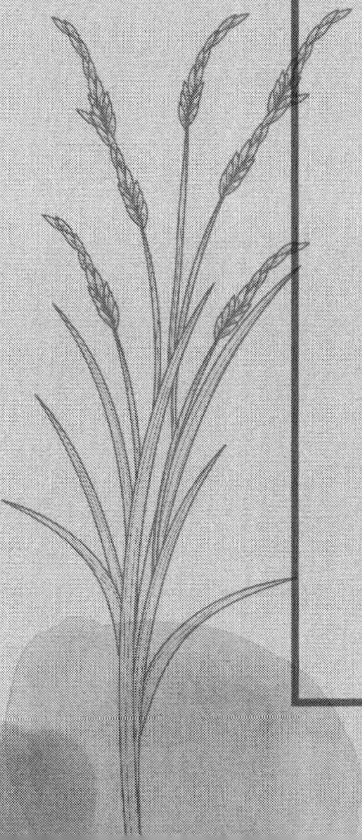

本文

第一枝　上上

占驗古人　龍虎渡姜公

靈籤求得第一枝　龍虎風雲際會時
一旦凌霄揚自樂　任君來往赴瑤池

仙機

功名遂　求財豐　六畜吉
家宅隆　病即愈　蚕有功
孕生子　婚姻同　行人至
快如龍　若謀望　盡亨通

問風水發貴兼丁財
問遺失即得回原物
問自身四季俱平安
問天時豐稔又可喜
問交易到處有喜色
問出行往來皆合心

「附註」周朝興國功臣。姜太公。又名尚。當時龍虎得風雲會合。則龍飛到上天去。揚揚快樂。即瑤池仙家地方。亦可到矣。此是榮華發達之象也。求得此簽者。定百事如意。真第一枝上簽也。

普濟壇黃大仙靈簽

本文

第二枝　上吉

古人占驗　王道真誤入桃源

枯木逢春盡發新　花香葉茂蝶來頻
桃源競鬥千紅紫　一葉漁舟誤入津

仙機

財有望　病亦愈　蚕獲利　婚有緣
家宅吉　行人旋　養六畜　好向前
問六甲　瓜瓞緜　若謀望　福祿全

問風水丁財可小發
問遺失無心得回物
問自身修養有仙緣
問天時快樂又可喜
問出行意外遇貴人

「附註」枯木遇春天而發生。花香葉茂蝴蝶頻來。桃源乃仙家地方。其桃花開得千紅萬紫。時王道真艇撑入此水遊玩。此繁華快樂之景象也。求得此簽者。必有意外奇逢。極甚快活矣。但又可以無心得之。不可着意以求之耳。此簽有吉而無凶。謀事順遂。

本文

第三枝　中平　占驗古人　魯班訓廸

牛山之木皆常美　獨惜斧工盡伐他
大罷大材無足用　規矩不準怎為槎

仙機

名與利　依理求　蚕與婚
莫妄謀　病慎醫　免禍愁
問家宅　德宜修　行未至
爭有憂　凡謀事　勿貪求

問風水多不合剪裁
問遺失原物恐難得
問自身修善乃平安
問天時風雨不合期
問出行防小人口舌

「附註」牛山之木常美。執斧頭之人。盡斬代之。雖有大材料。亦無足用。因此木不合規矩。難以為做艇之用也。求得此簽者。宜將一切不良嗜好。均要節戒。勿為小人攻伐其短處。要循規蹈矩。今所行不善。不依規矩。終歸無用。真可惜矣。此吉中而有凶。凡得此簽。須要防範小人侵害。

普濟壇黃大仙靈簽

本文

第四枝　中吉

占驗　古人調雛紫燕正穿梭

調雛紫燕在簷前　對語呢喃近午天
或往或來低復起　有時剪破綠楊烟

仙機

宅平安　財微利　婚可求
行漸至　病宜慎　蚕與美
問六甲　亦可喜　養六畜
亦相宜　謀望事　要知機

問風水平穩無防碍
問遺失得之難定日
問自身調養自精神
問天時豐歉未可知
問出行要關防小人

「附註」燕教燕子學講話。在簷口對語。往來飛舞。亦一樂也。但往而復來。低而復起。似無定景象。然平穩而無碍。求得此簽者。凡事亦不宜憂心也。但要防是非口舌。

本文

第五枝　中吉

占驗　古人　韓夫人惜花

東園昨夜狂風急　萬紫千紅亦盡傾
幸有惜花人早起　培回根本復栽生

仙機

名與利　要待時　宅運滯
行人遲　孕有險　病擇醫
出行阻　婚遲疑　蚕與畜
得利微　問謀望　謹慎宜

問風水丁財恐要退
問遺失託人情可得
問自身修善免禍侵
問天時遭刦恐難避
問出行損害恐難言

「附註」狂風太急。吹得萬花傾側。此驚險之象也。幸有愛惜花者。培回根本而花復生。此乃有貴人扶助之象也。論此簽。險中而有救。但須要自己立即要修善。有以感動人心。他人方救于己。而化凶為吉也。有一幸字。不易得此人也。而凶中有吉之簽。要防小人之是非口舌。

普濟壇黃大仙靈簽

本文

第六枝　上吉

占驗 古人 王羲之歸故里

一片孤帆萬里回　管絃嘔啞且停杯
如雲勝友談風月　暢敘幽情極樂哉

仙機

蚕有利　名必成　行人至
家宅興　病即愈　財即盈
六畜吉　婚姻成　若六甲
貴子生　問謀望　百事亨

問風水平穩自然發
問遺失多方求可得
問自身積善遇貴人
問天時風雨皆可喜
問出行事事合心情

「附註」晉朝時代。書法名家姓王名羲之。當時在萬里回家。常時吹簫彈琴飲酒。許多朋友談風說月。心情歡欣。快樂之極。求得此簽者。百事皆吉。

本文

第七枝　中吉

占驗 古人 人貴歸家

秋來征雁向南歸　紅葉紛紛滿院飛

碪搗城頭聲切耳　江楓如火在漁磯

仙機

論家宅　要關防　婚不合

財平常　蚕與畜　微有傷

病與孕　祈禱良　行人阻

未回鄉　問謀望　少吉祥

問風水平常無可取

問遺失難以尋原物

問自身秋後宜謹慎

問天時多有不便宜

問出行平淡無甚佳

「附註」唐朝時代。薛仁貴征東。得勝回朝封王而歸家。當時秋將冷。雁南飛。紅葉凋謝。人洗寒衣。此秋天冷落之景象。雖無防碍之處。亦無快活之氣也。得此簽者。凡事宜慎預防。則平安矣。

普濟壇黃大仙靈簽

本文

第八枝　下下　占驗古人　鳩占鵲巢

鳴鳩爭奪鵲巢居　賓主參差意不舒
滿嶺喬松蘿蔦附　且猜詩語是何如

仙機

宅運滯　行未歸　病與孕
當仔細　問謀望　事無濟
蚕與畜　恐有敝　求財者
勿妄為　論婚姻　總不諧

問風水凶煞多損害
問遺失失了又爭執
問自身疾病口舌多
問天時可憂無可喜
問出行有敗而無成

「附註」鵲有巢而為鳩所爭奪兩家不舒暢山有松樹而被籐蘿週身牵纏等於人而被人欺凌即依附於人之象如求得此簽者凡事宜隱忍勿強爭奪取誠恐為是非而拖累難以解脫要依附於人也此乃凶多而吉少一象宜防小人口舌宜在社王壇下作福祭朱雀方吉。

本文

第九枝　上吉

占驗古人　陶淵明賞菊

瑤琴一曲奏新腔　明月清風枕簟凉
咸集嘉賓同賞菊　或歌或舞或飛觴

仙機

宅平安　行人至　病即愈
孕生子　蚕與畜　均有利
若求財　必如意　問謀事
事如意　問婚姻　合之至

問風水將有丁財来
問遺失不久便得回
問自身平安無疾病
問天時人物皆喜慶
問出行到處有貴人

「附註」明月清風。枕簟凉爽。陶淵明會集許多朋友來賞菊花。彈琴與唱歌飲酒。此乃快活之景象也。如求得此籤者。所謀各事均皆順遂。無往而不利矣。

普濟壇黃大仙靈簽

本文

第十枝 中平

占驗 古人蘇秦不第

一輪月鏡掛空中 偶被浮雲障疊月
玉匣何時光氣吐 誰人借我一狂風

仙機

婚不合 病審醫 宅運滯
行人遲 求財者 要待時
問六甲 必女兒 蚕與畜
謹慎宜 若謀望 當三思

問風水此地暫失運
問遺失待時不用問
問自身有事不用憂
問天時微有不合意
問出行慎之無不利

「附註」戰國時代蘇秦。屢試不第。仍然不屈不撓。卒為六國之宰相。有如月鏡掛天中。偶被浮雲重重遮蓋。此暫時輕輕遭刼之象。要人借我以風吹散浮雲。而現下未知何人可借。是未得貴人扶助也。求得此簽者。當隱忍待時。不可妄動。防避小人口舌。不久即有貴人相扶。消此小刦也。此乃吉中微有凶之簽。

本文

第十一枝　上吉　占驗古人　漢文帝賞柳

楊柳垂堤鎖綠烟　日長三起又三眠
往來紫燕紛飛舞　嫋娜迎風倩我憐

仙機

六畜吉　家宅昌　財可得
病者康　孕生子　名必揚
若謀望　皆吉祥　行人至
婚姻良　蚕有利　樂無疆

問風水吉地逢人愛
問遺失求之必可得
問自身積善愈平安
問天時風雨皆可喜
問出行小人变貴人

「附註」漢文帝生平最為酷愛楊柳。每日在於政暇時。及楊柳垂堤之時。日中常常三起三眠。以欣賞其秀茂景色。蓋楊柳有時垂有時起。且有燕子往來飛舞其間。迎風搖動。景色怡人。此乃心歡快樂之景象也。求得此簽者。求謀順遂事事皆吉。

普濟壇黃大仙靈籤

本文

第十二枝　下下

占驗古人　太白撈月

蜃樓海市幻無邊　萬丈擎空接上天
或被狂風忽吹散　有時仍聚結青烟

仙機

病者險　財亦空　蚕與畜
亦無功　問謀望　事無終
婚不合　名未通　行未至
孕有凶　問家宅　未興隆

問風水俊局不能發
問遺失強求亦不得
問自身積善免禍侵
問天時事事不如意
問出行結尾必不利

「附註」海中蜃蛤吐氣如樓。高接到天。一有風来。便吹散矣。雖散而復聚。亦如烟之浮。不能長久也。此乃一片虛浮景象。眼前雖好。實無歸結。求得此簽者。當行善以為根本。則可堅穩長久。事事不被人吹散矣。此簽凶多吉少。要防小人口舌。宜在當天作福吉。

本文

第十三枝 中平

占驗 古人 孟浩然尋梅

嶺南初放一枝梅 片片晶瑩入酒杯
却遇騎驢人早至 兒意背負占春魁

仙機

宅平常 財難求 蠶禾造
不用憂 病未愈 行有郵
養六畜 慎之始 名難成
婚不利 孕生男 最歡喜

問風水平常無損害
問遺失尋之亦可得
問自身積善愈精神
問天時寒暑皆合意
問出行善者多扶持

「附註」嶺南梅開最早將花入酒杯飲之甚香遇有騎驢者寄此梅花於人百花未開而此花獨占先開亦令入必悅也求得此簽者遇有貴人帶引則事事如意矣此簽半吉半凶該簽雖無大碍之句而似有被人占以先手之象則逢吉變凶矣解籤者要細思之

普濟壇黃大仙靈簽

本文

第十四枝　中吉

占驗古人　東坡歸隱

為愛幽閒多種竹　買春賞雨在茅屋
醉時臥倒杏花邊　怕聽鶯兒驚夢熟

仙機

名與利　莫貪取　行阻遲
病漸愈　問六甲　必生女
蚕與畜　微有利　問婚姻
少合意　宅平常　修德美

問風水美中微有碍
問遺失小人頗難測
問自身安樂防口舌
問天時世事無全美
問出行防小人口舌

「附註」蘇東坡辭官歸里。隱居家園。多種竹樹。買春賞雨。醉臥杏花之邊。此安樂之景。怕有鶯兒驚夢。此驚慌之象。人能於安樂中。防避口舌。常在一点善心亦無碍也。讀一怕字要慎防則吉。

本文

第十五枝 上吉

占驗 古人明皇遊月殿

仙槎一葉泛中流　月殿蟾宮任爾遊
盈耳霓裳聲暫歇　酒詩吟飲幾時休

仙機

病即安　蚕造勝　行人回
婚宜定　孕生男　家道盛
凡謀事　多吉慶　名與利
求則應　養畜生　有佳景

問風水發財兼發丁
問遺失不久自然得
問自身平安又壯健
問天時萬事俱得利
問出行往來皆快意

「附註」唐明皇時。國泰民安。優遊安樂。故此有風流天子之稱。因他素慕月殿蟾宮之美麗。時欲想往一遊。卒得一葉仙舟。載赴月殿。任其遊樂。學得霓裳仙子羽衣曲而回。歌歌唱唱飲酒吟詩。快樂不歇。此快樂之景象。求得此簽者。萬事皆吉。無碍。可稱為心想事成也。

普濟壇黃大仙靈簽

本文

第十六枝　中吉

古人占驗　牧童跨犢回歸

天邊鴉背夕陽回　隴外兒童跨犢來
羌笛頻吹聲切耳　短長腔調樂何哉

仙機

名與利　在晚成　婚可合　問風水平穩亦無碍
孕無驚　問行人　有歸程　問遺失細查亦可得
若養蚕　晚造勝　問疾病　問自身平安無病来
保安寧　謀望者　合心情　問天時晴和如人意
問出行歸結有可喜

「附註」日落山岡時候。天邊之鴉鵲歸巢。壩上牧牛童子。又騎牛而歸家。吹得竹笛之聲充滿耳。此童子亦甚快樂也。此簽有快樂之意。則凡事平穩無碍。不用憂心矣。

本文

第十七枝 中吉

占驗 古人 月下追賢

秋水蒹葭白露盈　盈庭月色浸階清
清風吹動馬鈴響　響接晨鐘不斷聲

仙機

名可望　財不大　婚亦宜
病無害　蚕與畜　亦無碍
宅平常　行無阻　問六甲
求神助　謀望者　謹慎可

問風水平局皆無碍
問遺失尋之亦可得
問自身修善愈平安
問天時平常便可喜
問出行無補亦無傷

「附註」秋天多露。月色滿階。風吹馬鈴。響接晨鐘之聲。此乃漢時韓信。投奔漢高祖。未獲重用。貴夜馳歸。爲張良所知。告信之能於高祖。乃月下追回韓信時之情景也。求得此簽。凡事皆平穩。雖或阻滯。到底必好。有吉而無凶。

本文

第十八枝　下下

占驗　古人杜鵑泣血動客心

杜鵑啼血淚悲聲
聲怨霜寒夢乍驚
驚動異鄉為異客
客心更觸故園情

仙機

蚕與畜　有損傷　孕有驚
婚不良　財難得　宅有殃
行人遠　未回鄉　問疾病
宜禱禳　若謀望　總不祥

問風水恐有損丁財
問遺失追尋亦難得
問自身運滞當要防
問天時風色多不美
問出行往來皆可憂

「附註」春末夏初之時。杜鵑雀啼。聲聲悲而且悽切。如怨如慕。如泣如訴。留落異地作他鄉容。聞聲觸感。每動思家之心情。乃一種愁悶之氣象。求得此簽者。凡事務須留心謹慎。且要修善。方能消災除禍。便逢凶化吉。更宜防小人口舌是非。要在當天作福吉。

本文

第十九枝 中吉

占驗古人 伏羲畫八卦

乾卦三連號太陽 潛龍勿用第一章

其中爻象能參透 百福駢臻大吉昌

仙機

孕生女 遲乃到 行人遲 勿輕躁

病宜禱 蚕與婚 歸有路 宅平常

名與利 謹慎好 若謀望 積善補

問風水壞處當更改

問遺失求之勿心急

問自身和平無病生

問天時風雨及時宜

問出行火氣勿太猛

「附註」乾卦純陽無陰。能想透第一章之句語。隱藏其剛強之氣勿用。則百福至而大吉昌矣。求得此簽者。凡事要隱忍退避。靜以待時。有善氣而無惡氣。方能受福而吉昌也。此簽有吉無凶乎總無碍。

普濟壇黃大仙靈簽

本文

第二十枝 中平

占驗 古人 雪梅招親

天上仙花難問種　人間塵事幾多更
前程已註公私簿　罰賞分明濁與清

仙機

名與利　婚未定　孕與蚕　難定日

附之命　宅平安　作福吉　若謀望

病審醫　要修省　行欲歸　修善得

問風水全憑心地發
問遺失求之終可得
問自身禍福自己求
問天時隨我意轉移
問出行如修善可去

「附註」雪梅為安南國王之宮主。特徵聯求婚。其聯首曰「太極殿前三尺雪」。後有廣東人姓黃名華貴。當時福至心靈。以梅之得植於人間。原出於天上仙花之種。乃以「廣寒宮裏一枝梅」為聯比以應徵。卒獲招為駙馬。論此簽意。凡事平穩。倘能力行善事當可獲福也。

本文

第二十一枝 中吉

天外紅霞如抹錦
檻邊桃杏鬧新粧
盈眸烟熳誰居首
美酒頻斟且酌量

古人占驗 武則天賞花

仙機

名與利 莫躁求 行漸至
病漸瘳 婚綏約 孕無憂
蚕與畜 要子細 若謀望
躁則敗 宅將興 修善貴

問風水小小發丁財
問遺失不久亦可得
問自身身體亦平安
問天時晴必多于雨
問出行子細亦有利

「附註」此為唐時武則天。於冬天擊鼓摧花時。評桃品杏之情景也。求得此簽者。凡事有吉無凶。并且定必有意外財收獲也。若問自身之事。更可丁財兩發。諸事平穩之象也。

普濟壇黃大仙靈簽

本文

第二十二枝　下下

占驗 古人 陳妙常思春

秋水依人各一方　天南地北恨偏長
相思試問憑誰寄　不盡悽涼狂斷腸

仙機

孕不吉　病擇醫　宅蹇滯　問風水運滯未能發
行人遲　蚕與畜　費心機　問遺失阻隔尋不得
名利無　婚不宜　若謀望　問自身勞心未平安
要待時　凡有事　當禱祈　問天時多不如人意
問出行去之必不利

「附註」天南地北。各居一方。書信又無人寄。思念到肝腸都斷。此乃淒涼之景象也。求得此簽者。要修善以感動人心。則凡事有貴人。又可寄託。免至淒涼也。此簽凶事多而吉少社壇作福。

本文

第二十三枝 中平

占驗 古人邯鄲幻夢

邯鄲一夢幻無邊　數載身榮是熟眠
換卻錦衣歸故里　睡醒還記在心田

仙機

名與利　似虛花　婚不成
孕亦假　宅平常　行人賒
蠶小利　病未痊　謀望凶
徒咨嗟　速修善　實榮華

問風水無脉空有局
問遺失尋之空費力
問自身暗痛恐有之
問天時似好而實非
問出行得之恐復失

「附註」夢中得富貴。着錦繡衣裳回家。醒後仍然記在心中。此乃一片虛假之情形。此簽雖無防碍。但亦無可取之處也。若求得此簽者。宜凡事謹慎。

普濟壇黃大仙靈籤

本文

第二十四枝　下下

占驗 古人　白居易嘆情

詩酒琴棋可解愁　座中無客樂難休
或彈或唱誰知美　冷飲雖多亦是憂

仙機

財與貴　忌貪謀　孕不吉
婚莫求　行人滯　病未瘳
問謀望　恐惹愁　蚕與畜
亦可憂　論家宅　德宜修

問風水砍水不湧抱
問遺失尋之無人力
問自身修善免憂愁
問天時無而亦可憂
問出行去之惹禍愁

「附註」詩酒琴棋。可以解人愁悶。而無人客來講說話。獨自己彈琴唱歌。無人知到我之好處。如此冷淡。雖然多飲杯仍然是憂也。而求得此籤者。雖處於順境。而未免有憂愁。急宜廣結善緣。務使善與人同。則應求多而無憂愁矣。蓋此籤凶多而吉大。宜在社壇作福吉。

本文

第二十五枝　上吉

占驗古人　朱洪武登基

羣山擾擾朝中嶽　有似爲臣列鵠班
拱立兩行齊整肅　自居此地豈無歡

仙機

名與利　求必應　病遇醫　問風水此地必發貴
葯有靈　行人回　家道盛　問遺失求之可以得
孕生男　婚可訂　畜與蚕　問自身積善大吉昌
造造勝　問謀望　姓有慶　問天時風雨皆應期
　　　　　　　　　　　　問出行處處有貴人

「附註」天下之山以中嶽為至高。四山朝拱。齊齊整如人臣拱手排班而立。居此地者。有如君之使臣。一呼即應。明朝開國之君朱元璋。少時牧牛時。率群童登中嶽之巔。戲稱自己為帝。使群賀之。後朱元璋竟成真正皇帝。號稱洪武。統一山河。若求得此簽者。必得事事如意。步步高陞也。

普濟壇黃大仙靈簽

本文

第二十六枝　中平

占驗古人　徐庶歸家

花影遲遲侵砌上　遙知月鏡掛長空
忽聞鶴淚聲淒切　早買歸舟返里中

仙機

蚕與畜　財亦有　一見凶　問風水見凶即要避
即修手　謀望事　看時勢　問遺失難得莫强求
早修功　遲必敗　有病者　問自身修善可安安
早積功　問家宅　亦相同　問天時好不能到尾
行將歸　孕有驚　　　　　問出行到底要知機

「附註」花影侵於花基之上。知係月鏡排在空中。忽聞鶴聲啼得悲切。即要買舟回家。此簽大意。言人當要知機。一聞不吉之消息。如聞鶴聲之淒切。要及早回頭。歸於善路。方有結果。如行客之買舟回家一般。此簽於吉中有凶。但逢凶亦可以化吉。知趨避便無碍。宜防小人是非口舌。

本文

第二十七枝　中平

（古人占驗）蝶蟻知時

天晴粉蝶翻衣曬　又看庭前蟻陣排
隊伍整齊趋或退　時開時合思何佳

仙機

財微有　宅平常　婚可合
孕無妨　蚕與畜　亦無傷
病可醫　行歸遲　問謀望
要觀時　進與退　要知機

問風水平穩無妨碍
問遺失或可以尋得
問自身出入亦平安
問天時風雨合人意
問出行去之亦無妨

「附註」天晴則蝶曬其翼。將雨則蟻出如擺陣。或進或退。時開時合。在蟻子亦甚得意矣。人與物同。各得其意。便是快活。求得此簽者。亦平穩無碍也。

普濟壇黃大仙靈簽

本文

第二十八枝 中平

占驗 古人 潯陽江聽琵琶

船泊潯陽月夜天 琵琶一曲動人憐
相思兩地憑誰寄 白雪摧人上鬢巔

仙機

功名無 求財難 行未至
宅艱辛 問婚姻 非美婦
孕生女 病遲愈 蚕與畜
得利微 凡謀望 無可取

問風水失運未能發
問遺失尋之亦不得
問自身修善可平安
問天時世情無可喜
問出行歸結恐不美

「附註」古人白司馬。當時被貶閒居。在潯陽江上聽琵琶。此非快活之景。兩地相思。無人寄信。白髮又催人老。此更冷淡。求得此簽者。雖無大碍。亦無歡喜之處。凡事亦凶多而吉少也。

本文

第二十九枝　中吉　占驗 古人 張翰思鱸

鱸魚作膾菊花黃　美酒盈樽趁晚涼
泛棹正當潮上候　這般佳景樂無央

仙機

名可望　人發財　婚姻合
行人回　問六甲　必男胎
蚕與畜　美利來　宅平穩
病無災　謀望事　任取裁

問風水丁財両字穩
問遺失尋之得原物
問自身交秋亦平安
問天時交秋更可喜
問出行一路都順利

「附註」好魚生。好菊花。好酒。好天時。好潮水。在水面快活之景。件件俱全。其樂無窮盡矣。求得此簽者。凡事平穩無碍。是安樂也。此簽余擬上吉。與第九枝語意一般耳。快活景象彼此相同。

普濟壇黃大仙靈簽

本文

第三十枝 下下

傾國傾城媚百生　六宮粉黛盡無名
馬嵬山下魂飛去　至令明皇長恨情

占驗　古人馬嵬坡勒死楊貴妃

仙機

宅受刦　求財難　行不歸　問風水丁財俱恐退
病未安　蚕興畜　皆不利　問遺失尋之無可得
婚不成　孕恐墮　謀望凶　問自身運滯實艱辛
事多碍　凡有事　當祈禱　問天時淒涼實可悲
問出行不吉實難言

「附註」唐明皇專寵愛楊貴妃。六宮美女盡不鍾意。及安祿山作反。出兵征之。行到馬嵬坡。三軍不行。要皇將楊貴妃斬首。至肯前進。扵是貴妃死在馬嵬坡下。而魂飛天上去也。至明皇日日長恨之。此簽有凶無吉。求得此簽者。凡事要謹慎。更宜妨小人口舌。且必先改惡從善。乃能化凶為吉。宜觀音作福。

本文

第三十一枝　下下

占驗　古人蔡中興遇險

狂風驟雨打船篷　溪畔桃花盡落紅
驚醒漁翁春夢熟　持篙撐去失西東

仙機

財耗散　孕有驚　宅不吉
病未寧　畜與蠶　得利輕
行人遠　無歸程　問婚姻
不可成　若謀望　勿妄行

問風水受煞有損害
問遺失無路尋不得
問自身身子不平安
問天時禍來宜問避
問出行去之總不宜

「附註」狂風急雨。打落桃花。大雨打落船篷。驚醒魚翁。此有險之象。竹篙撐艇。不知西東。此徬徨昏迷之象。而求得此簽者。恐有驚險之事。此時手忙腳亂。亦甚難做作。務雖要急收善果。以植種福基。而遇事有貴人指引。免至迷惘不知西東也。此簽凶多而吉少。要妨小人口舌。宜在海龍王作福。

普濟壇黃大仙靈籤

本文

第三十二枝　中平

占驗 古人 蘇武牧羊

十九年前海上辛　節旄彫敗逐沙塵
餐毛嚼雪誰憐我　惟有羊兒作伴羣

仙機

財難求　名不遂　行歸遲　問風水地運當塞滯
宅運滯　問謀望　事難濟　問遺失求之亦難得
畜與蚕　宜子細　問六甲　問自身作福可免病
當禱神　病修善　免痛苦　問天時憂勞恐不止
問出行去之總不利

「附註」古人姓蘇名武。受困於番邦地方。在海上看羊十九年。天寒無飯食。以毛氈包雪食之。而無人可憐。惟羊仔陪伴。此乃淒凉之景象。求得此籤者。必要立心忠直。隱忍受苦。凡事有神助。化凶為吉。以蘇武之忠。隨後終得歸漢為官也。就籤而論。凡事極其辛苦。但到底可達目的。

本文

第三十三枝 中平

曹操雖有深謀計　智慧難瞞諸葛候
試看東風都可借　更能流馬木成牛

古人占驗　孔明識破曹操

仙機

宅平常　財難有　蚕與畜
慎看守　孕與病　禱神佑
問婚姻　氷吾偶　行人歸
要遲久　謀望事　恐難就

問風水難以發丁財
問遺失難以得原物
問自身略有不平安
問天時難以測天機
問出行亦恐有不美

「附註」曹操雖有奸計。而不瞞得孔明。能借東風以燒曹兵。又造木牛運粮。以養軍士。則曹操奸謀。終不可用矣。求得此簽者。切不可奸謀害人之心。人可瞞。天勿瞞。必須立心修善。可以化凶為吉。不可學曹操之奸計也。就簽而論。凡事不利。要防小人是非口舌。如立心光明正大。可化凶為吉也。

普濟壇黃大仙靈簽

本文

第三十四枝　中吉

占驗　古人大舜耕歷山

大舜雖耕在歷山　心常孝順兩嚚頑
田中之象同家象　善惡分明即此間

仙機

宅平常　善則昌　病愈遲
善可醫　蚕與畜　善則勝
欲求財　善乃來　謀望吉
善乃得　孕有喜　善所致
結婚姻　善為親　行可以
又可思

問風水福人留福地
問遺失當盡人事尋
問自身積善得平安
問天時善者天祐之
問出行去之亦可喜

「附註」古人有舜在歷山耕田。其父母皆頑梗。不講人義忠信。而大舜事之極孝順。田常有象代舜耕田。有鳥代舜耕草。可知人能行善。則由天遣神祐。可免辛苦。若行悪則象不代他耕田矣。此郎可以分出善惡。求得此簽者。為善吉。作惡凶。就此簽而論。亦當作為吉。

本文

第三十五枝　中吉

占驗古人　唐僧取經

天將降任此其人　筋骨先勞苦彼身
莫謂景佳來可易　貧窮富貴有前因

仙機

名與利　求實難　蚕與畜　問風水時到自然發
盡力看　病漸愈　婚有緣　問遺失尋之宜勉力
論家宅　要積德　謀望者　問自身修善得平安
當審擇　問行人　難揣則　問天時豐耗無定期
問出行進退當慎之

「附註」天將以大任降此人。必先以貧窮勞苦其身。莫謂富貴發達。佳景來得輕易。人之貧窮富貴有前世因果也。求得此簽者。要立一片善心。凡事勿辞勞苦。將來必有報應。就此簽而論。有佳景二字。實則此簽有吉而無凶。但必先要一番艱辛。不修善則富貴不來也。此先難後易之簽。要慎妨小人口舌。

普濟壇黃大仙靈簽

本文

第三十六枝　中吉　占驗古人　平貴回窰

此事真如到岸船　何憂風水不相全
舉頭便見前村落　屋角斜陽爨已烟

仙機

名利就　兩相全　孕無碍
病漸痊　宅有福　行人旋
蚕有利　婚可聯　問謀望
有機緣　六畜吉　宜向前

問風水丁財漸漸来
問遺失尋之將可得
問自身出入皆平安
問天時風雨俱合意
問出行往来皆可喜

「附註」行船已灣到岸。不憂無風無水之慮。舉頭又見自己之村鄉屋角煑飯烟起。此乃薛平貴由窰會妻。来到鄉村前所見之景象。心安快樂。無憂無慮。求得此簽者。事事平穩。有吉無凶。

本文

第三十七枝　上吉

占驗　古人　東坡遊赤壁

月夜秋江下釣鰲　魚形恰似四腮鱸
家藏舊釀堪盈斗　與友飛觴盡倒壺

仙機

婚姻合　家宅興　病必愈
利即盈　蠶桑美　畜養成
問六甲　有子生　問行人
有歸程　論謀望　百事亨

問風水富貴兼丁財
問遺失尋之即可得
問自身無病兼發達
問天時豐稔大可喜
問出行到處皆合意

「附註」蘇東坡月夜與友泛舟遊於赤壁。釣得四腮鱸魚。有一斗家藏舊酒。與好友共斟同飲。此乃快樂優遊之景象也。若求得此簽者。所謀順遂。百事皆吉。處處順利。

普濟壇黃大仙靈簽

本文

第三十八枝 中吉

占驗 古人陶淵明辭官

歸去來兮仕宦閑 室堪容膝亦為安
南窗寄傲談詩酒 倚杖徘徊飽看山

仙機

名不成 財漸至 畜與蠶 問風水平穩無妨碍
微微利 婚不合 孕生女 問遺失尋之或可得
問自身修善自平安
病可醫 行人至 問謀望 問天時平局無大喜
要知機 宅平安 修善美 問出行總要曉趨避

「附註」晉陶淵明。辭官歸隱。對於做官看得甚閑。屋小僅堪容膝。亦以為可安居。倚南窗談詩飲酒。倚杖看山。此一片逍遥之安樂光景。求得此簽者。世事看得化。又要知機。不可貪圖富貴則逍遥自在。無妨碍矣。當要想透此簽首句一閑字。照此簽意有吉而無凶。

本文

第三十九枝　中吉

占驗　古人　夷齊恥食周粟

夷齊不忍食周粟　兄弟心甘採蕨餐
讓國名應垂萬古　可憐餓倒首陽山

仙機

婚不宜　財難得　畜與蠶
宜勉力　宅平安　病險極
問六甲　無喜色　問行人
無阻隔　若謀望　少合式

問風水運滯未能發
問遺失難得田原物
問自身失運恐難辛
問天時有事亦難知
問出行去之恐不利

「附註」昔伯夷叔齊兄弟讓國。恥食周粟。採蕨薇食之。後來卒餓死首陽山。但其讓國之名。留傳萬代。求得此簽者。首當立一点善心。隱忍受苦。先難而後易也。此簽吉中而有凶。宜慎之。

普濟壇黃大仙靈簽

本文

第四十枝　下下

占驗 古人 俞伯牙碎琴

人世知音能有幾　碎琴都為子期亡
墳前灑盡千行淚　隔別陰陽各一方

仙機

行阻滯　病留連　孕不吉
婚無緣　蠶與畜　火利錢
求財空　慎著鞭　謀望事
勿向前　宅修德　乃安然

問風水失運恐有害
問遺失尋之亦不得
問自身多事恐傷神
問天時可憂無可喜
問出行去亦無一利

「附註」昔俞伯牙擅彈琴。鍾子期死。伯牙以世上無幾人能知音。將琴破碎之。以後不復再彈琴。從此陰陽相隔灑淚墳前。此痛恨之象也。求此簽者。必要謹慎。宜多行善事。乃能化凶為吉。就簽而論。百事不利。

本文

第四十一枝　中吉

古人占驗　張騫月夜浮槎

浮槎月夜到天河　曾見天姬織錦梭
石得支機人罕識　那知此寶出雲窩

仙機

婚可合　亦得利　宅無碍　亦合時

行將至　孕生女　積善宜　謀望事

問養畜　病可祈　求財者　當勉力

問風水時到自然發
問遺失尋之終可得
問自身身體亦平安
問天時得利無人知
問出行去之亦無妨

「附註」張騫先師於月夜泛艇到天河。見仙女織機。遂取其機頭之石而歸世人少有識此寶。不知此寶出自雲間也。此籤言自己有寶物而不識。此難遇貴人之景象也。求得此籤者。當力行方便。善與人同。自有貴人來賞識矣。難得之寶而我獨得之。吉祥也。此籤凡事皆吉。無凶。無碍。不用憂疑。

普濟壇黃大仙靈簽

本文

第四十二枝　中吉

占驗古人　王允獻貂嬋

月明散步到花欄　無策焉能勦滅奸
幸有貂嬋思定國　英雄難過美人關

仙機

蚕與畜　今雖損　若遇時　問風水避煞方得吉
即返本　財可得　病必愈　問遺失尋貴人可得
婚可合　行必旋　謀望吉　問自身先勞而後安
宅安然　孕生女　女必賢　問天時苦中有滋味
問出行防避小人吉

「附註」東漢時。有奸臣姓董名卓。王司徒允欲誅滅之而無計策。月夜在花欄邊散步。有婢女名貂嬋。欲出計安定漢室。王司徒遂將貂嬋嫁與董卓。卓係英雄人物。乃昏迷於貂嬋終受誅滅。是英雄難過美人關也。求得此簽者。要立心忠直。有此善心。可以感動得人。必有貴人扶助。先難後易。終必成功也。此簽有吉無凶但要防避小人口舌。

本文

第四十三枝　下下

占驗　古人韓文公被貶

祇因直諫怒天顏　晝夜難離在馬鞍
主僕奔忙神亦倦　更加雪重擁藍關

仙機

財不遂　名未通　病難愈
謀望凶　畜與蚕　亦無功
行有阻　婚莫同　孕不安
宅運滯　凡有事　宜仔細

問風水丁財俱塞滯
問遺失尋之亦難得
問自身辛苦多是非
問天時防少晴多雨
問出行事勢甚難成

「附註」韓文公以直諫激怒于人君。至被貶遠方。日夜騎馬鞍行之不歇。主僕如此奔忙精神亦倦。更加遇落大雪擁塞藍關之路。而不能行。此辛苦之景象也。求得此簽者。當謹慎。多行善事。亦可逢凶化吉。就此簽而論。凶多吉少。要防小人是非。

普濟壇黃大仙靈簽

本文

第四十四枝 中吉

占驗 古人 唐天寶評花

滿園春色鬪新粧　意似爭妍奪國香

到底是誰居麗首　牡丹艷冠百花塲

仙機

求名遂 均有利 宅平安 亦合宜

求財得 病亦安 行人至 謀望吉

畜與蚕 孕可喜 問婚姻 勿思疑

問風水得運將發達

問遺失求之將可得

問自身身子心平安

問天時凡事合人意

問出行去之亦合宜

「附註」唐朝天寶年間。玄宗在位時。允稱全盛時代。所謂花開富貴唐天寶是也。簽載滿園春花開開得好樣。到底以牡丹花為第一。此簽有一種慶鬧景象。凡事。俱皆平穩無碍也。

本文

第四十五枝　中平　古人王質遇仙 占驗

採樵不意到雲天
閑看敲棋二老仙
柯爛也思歸故里
山中七日世千年

仙機

財可有　婚可成　蚕與畜　問風水平常亦無碍
得利輕　病可醫　行人遲　問遺失求之或可得
問謀望　亦合宜　問家宅　問自身修善有仙緣
亦平安　孕無碍　心略寬　問天時平淡無甚喜
問出行進退任人意

「附註」古人姓王名質。入山採薪。巧遇兩仙人敲棋。看到斧頭柄爛了。然後歸家在山中不過七日。而世上經已過千年矣。結局似覺平淡。無甚歡喜。亦無妨碍。求得此簽者。各事皆平常而已。

普濟壇黃大仙靈簽

本文

第四十六枝 下下

古人占驗 左慈戲曹操

黃柑數盒獻曹公 剖看原來肉盡空
怒動奸雄揮鐵斧 奔忙身入萬羊中

仙機

病有險 孕有驚 蚕與畜
少收成 名不遂 財不就
問行人 無歸程 婚不諧
宅未寧 謀望事 不可行

問風水妄動恐犯煞
問遺失強求生是非
問自身修善可消刦
問天時世變實可悲
問出行去之大不利

「附註」三國時。左慈献柑數盒於曹操。操將其柑剖開。無一個有肉。激怒曹操以斧頭斬之。慈即奔入羣羊中退避。此以假局欺人。惹禍歸身。有凶無吉矣。求得此簽者。凡事凶多吉少。急宜多行善事。凡做一事必要真實無妄忠直存心。寬厚待人。方能化凶為吉也。求得此簽。要防小人是非口舌。

本文

第四十七枝 中平

占驗 古人吳主索荊州

遙遙千里來西蜀　欲問荊州那日還
劉備不言聲淚下　自思無策轉吳間

仙機

財難得　病愈遲　蠶與畜
得利微　婚不合　孕禱祈
宅平常　積善宜　問行人
要待時　謀善事　當細思

問風水失運恐破財
問遺失勞苦恐難得
問自身有事多憂愁
問天時叙氣甚可悲
問出行去之總不美

「附註」昔劉備與吳借荊州。及劉備得蜀之後。東吳使人來西蜀。索取荊州。劉備一言未出。便痛哭流淚。自思無計策可以圓轉也。以一哭得還荊州。有借無還。而當哭泣之時。乃悲愁之景象。求得此簽者。凡事要隱忍受苦。多行善事。方能轉禍為福也。論此簽凡事凶多吉少。

普濟壇黃大仙靈簽

本文

第四十八枝　中平　占驗 古人卓文君賣酒

繡閣聽琴自起思　改粧黨夜最歡時
可憐沽酒臨卭市　才子佳人兩下厨

仙機

孕生女　病求醫　行有阻　問風水氣運未當發
婚不宜　蠶微利　亦有之　問遺失尋之恐未得
問謀望　要待時　宅無碍　問自身自在中有苦
善當為　求財者　得微利　問天時豐熟有虛耗
問出行去之亦無益

「附註」昔卓氏有女名文君。新寡。聽司馬相如彈琴。遂起心。乘夜奔往相處。成為夫妻。但家貧。兩夫婦在臨卭市開設酒店。一箇是才子。一箇是佳人。兩家都要當炉賣酒。此亦有辛苦之氣象也。司馬相如後大貴。求得此簽者。凡事要隱忍受苦。先難後易也。此簽不得作為吉。亦不得作為凶。祇得平常二字而已。

本文

第四十九枝 中吉

占驗 古人 司馬相如題橋

十年窗下苦功成
有志難舒願不輕
試看題橋十三字
生平心誓確鍾情

仙機

財可求 病可醫 行人歸
漸有期 宅平穩 孕可喜
謀望事 當奮志 蚕與畜
微有利 問婚姻 皆合意

問風水漸漸當興發
問遺失苦心尋可得
問自身由苦而後甘
問天時淡泊变滋味
問出行有志事竟成

「附註」昔司馬相如。十年窗下苦心讀書。貧窮不得志。其平日有志氣之人。故當入蜀過橋。題十三字於橋柱曰。「他日若不乘高車駟馬。不過此橋」隨後果得大貴回家。經過此橋。有志者事竟成矣。求得此簽者。凡事要自己立定志向。務須要不辭勞苦。自然先難後易。皇天向不負好心之人。若能修善者。報應更迅速。論此簽。各事有吉而無凶。此簽余擬上吉與第八十五枝語意相同。是為一快活如意之景象也。

普濟壇黃大仙靈籤

本文

第五十枝　中吉

占驗古人　伍員贈劍漁父

記得當年伍子胥　潛奔難渡幸逢漁
欲將寶劍相持贈　大義交朋卻不辭

仙機

名與利 莫強求 蚕與畜 要遲久 問六甲 問婚姻
莫貪謀 病求醫 慎看守 宅修福 慎綢繆
謀望事 亦無憂 問行人 昌厥後 有佳偶
問風水平穩無妨碍 問遺失尋之亦可得 問自身修善自平安 問天時淡中亦有味 問出行戒貪方可去

「附註」昔伍子胥楚人也。楚王追殺之。避難奔至江邊。有一漁舟救之渡江。伍子胥將自己之劍贈於漁父。漁父不受。以此大義相交。故辞劍也。求得此簽者。凡事不可有貪心。有益於人之事。無論人之知與不知。人之報與不報。力到便做。講義不講財可也。以簽論。凡事平穩無碍。此凶中有吉之簽也

本文

第五十一枝 中平

占驗 古人 成王剪桐封弟

剪桐雖是作兒嬉 封弟成圭語不移
何以偽為成實事 言因無戲故如斯

仙機

婚不合 財不大 謀望平
嗇子細 宅平安 蚕無蔽
病可醫 孕無碍 行人歸
恐遲滯 問六畜 無損壞

問風水平局亦無碍
問遺失尋之恐難得
問自身無補亦無傷
問天時有美有不美
問出行錯有錯便宜

「附註」周成王在宮中。自剪桐葉如圭形。與弟戲言曰。封爾為諸侯。至周公入賀成王。成王曰。吾戲言耳。周公曰君無戲言。遂封其弟唐叔於唐。隨後其子改唐國曰晉國。求得此簽者。一言一行均要子細。不可作為兒戲。恐弄假成。真恨錯則難以挽回也。論此簽亦屬平平常常而矣。諸事亦無阻而無碍。

普濟壇黃大仙靈簽

本文

第五十二枝　中平

占驗古人　盤古開闢天地

上清下濁成天地　清濁相凝便作人
爾欲籤求明白事　且將三等細分明

仙機

蚕與畜　利平平　病可醫　問風水全靠陰騭發
財不盈　婚莫定　孕無驚　問遺失得不得未定
謀望事　謹慎行　行人歸　問自身行善必平安
時難定　問家宅　積善興　問出行善吉悪不宜

「附註」氣清而上浮者為天。氣濁則下凝者為地。半清半濁在中間為人。三等分開求得此簽者。凡事以清潔為上。不可污。不可濁。若有所貪。即成污濁流而為下矣。倘有時清潔有時污濁。則不上不下是中間之人。三等分明隨人。自作存善心行善事。斯為清潔而居上等也。清潔之人凡事皆吉。污濁之人凡事皆凶。

本文

第五十三枝 中吉

古人占驗 馮煖客孟嘗

珠履三千客孟嘗 誰人識得有鷹揚
其中彈鋏歸來者 便是英雄志莫當

仙機

謀望事 費商量 行人滯
病禱禳 宅無礙 婚亦良
蚕小利 畜無傷 問六甲
亦無妨 名與利 善可望

問風水方向要合度
問遺失求之要得法
問自身調養要得宜
問天時勢色要趨避
問出行扶助要得人

「附註」戰國時。齊公子孟嘗君。有食客三千人。馮煖為下客。彈劍鋏而歌曰。彈鋏歸来乎食無魚。出無車。孟嘗君因之待以上客之禮。馮煖係英雄人物。其志氣無人可當也。此簽大意。言衆人所不能識者。就其中有一箇英雄。求得此簽者。凡事一定有好處。即英雄也。但必要修善。有神護助。始能識得出其好處耳。

普濟壇黃大仙靈簽

本文

第五十四枝　中平

占驗　古人莊周夢蝶蜨

莊子酣眠成蜨夢　翩翩飛入百花叢
天香採得歸來後　猶在高牀暖枕中

仙機

財難得　宅平常　謀望事
謹慎良　問六甲　亦無傷
蚕與畜　亦無妨　行未到
婚莫同　病可愈　待時通

問風水穩暖無妨碍
問遺失尋之未必得
問自身修善愈平安
問天時事勢有改移
問出行穩陣方可去

「附註」古人姓莊名周。夢自己化為蝴蝶。飛入花叢採花。夢醒之後。乃在高床暖枕中也。此乃一片假局。求得此簽者。凡事多虛少實。究無可取。但亦無大妨碍。因此簽有逍遙自在之意也。

本文

第五十五枝　中平

占驗 古人吳隱之投沉香

浦號沉香遺舊恨　渡江猶憶古人心
可憐當日辭官去　雖有馨留不易尋

仙機

財利有貪則敗謀望事
當子細病可醫行違滯
畜與蚕無損壞孕平常
婚莫宅修善福自至

問風水吉地不易得
問遺失尋之恐難得
問自身清潔平安好
問天時佳景令人思
問出行爲善者可去

「附註」古人吳隱之。来廣東作官。愛護子民。兩袖清風。及辭官回家。人民感其得政。紛紛贈以禮物。隱之不接受。祇受一沉香扇墜。及乘舟離任。風浪大作。隱之禱告天地。將該沉香墜投之於水。以示清廉。果然風平浪靜。一路平安達家園。後人因此稱該處爲沉香浦。渡江者每追念當年隱之之清廉。求得此簽者。凡事平穩須然皆中徵有凶。但到底必好。不用憂疑。

普濟壇黃大仙靈簽

本文

第五十六枝　中吉

占驗 古人　呂祖桃木劍

安知此劍不成龍
見水都應出袖中
他日飛騰千萬里
上空妖嬌有雲從

仙機

名可望	財可求	蠶與畜
有利收	病必愈	婚合謀
家宅吉	孕無憂	行人歸
不待久	謀望吉	好綢繆

問風水此地終必發
問遺失得之要待時
問自身漸漸將發達
問天時後路更可喜
問出行結局更合意

「附註」袖中之劍。見水則出而化為龍。飛騰萬里。此古人之奇事。吉祥之兆也。但本簽有安知二字。則此劍仍未化龍也。求得此簽者。有吉無凶。如能多行善事以培補之。則凡事愈順遂。必發達矣。

本文

第五十七枝　中吉

古人占驗　獨占花魁

小樓春雨聲初歇　彳亍街頭屐不停
忽聽賣花人入巷　一枝買得慢慢行

仙機

謀望事　要子細　病與孕
慎為貴　婚可求　行漸至
畜與蠶　得利微　宅平安
將有喜　問求財　少為美

問風水想發不能急
問遺失慢慢尋可得
問自身謹慎自平安
問天時有時可合意
問出行觀雨晴亦佳

「附註」春雨初歇。着屐行街者不停。忽聞有賣花者入巷叫賣鮮花。我買得花一枝。而慢慢行路。恐路滑濕也。求得此簽者。凡事要淡定。不可忙速。能謹慎自無差錯矣。依此慢行行三字論之。則平安大吉。凡事亦平穩無礙。

普濟壇黃大仙靈簽

本文

第五十八枝　下下　占驗古人　蹇叔諫君

秦師大敗在殽山　三帥皆擒盡放還
蹇叔諫言因不聽　倒戈捨甲返秦間

仙機

病有險　孕多驚　行人滯
宅未寧　畜與蚕　多不成
財不利　亦無名　謀望事
不可行　問婚姻　無子生

問風水丁財俱恐退
問遺失強求亦不得
問自身修善乃無災
問天時劫運恐難免
問出行有败而無成

「附註」秦穆公不聽老臣蹇公之言。出師侵鄭與晉人戰於殽。秦師不敵而至大敗。三個大元帥俱皆被擒。秦穆公之女。本係晉君之母。請晉康公將三個帥放還於秦。倒戈棄甲。此簽凶險之極。求得此簽者。凶多而吉少。要多行善事。方能轉禍為福也。宜當天作福吉。

本文

第五十九枝 下下

占驗 古人 東施效顰

浣溪紗女美無雙
媚至吳王國破亡
最惱東施效顰笑
山鷄豈可勝鸞凰

仙機

財破耗 行未到 蚕與畜
利亦無 孕與病 皆身苦
宅不安 積善補 問婚姻
更不好 謀望事 不宜做

問風水失運勿乱動
問遺失求之亦難得
問自身安份保平安
問天時恐有不合意
問出行去之煩惱生

「附註」昔有美女名西施。原係在溪邊浣紗之女也。越王勾踐。送上西施於吳王。媚得吳王極昏迷。終至到亡國。女子東施者。其貌極醜。乃學西施之顰笑以媚人。而至弄巧反拙。所謂山鷄豈會鳳凰即此之意也。求得此簽者。凡事要守份安命。順時聽天。不可心高而強求妄想可也。如若自己不如。而乃強學于人。反為不美。必凶多吉少。

普濟壇黃大仙靈簽

本文

第六十枝　中平

占驗　古人李白醉和番書

和番醉筆似雲烟　日在長安酒店眠
倘遇唐皇須令召　重呼不上木蘭船

仙機

財得少　亦無傷　婚亦合　無驚慌
宅平安　行未至　名未揚　謀望事
蚕與畜　病無妨　問六甲　細參詳

問風水平常無損害
問遺失尋之恐難得
問自身無事小神仙
問天時無喜亦無憂
問出行凡事勿貪謀

「附註」古人李太白。性好酒。日眠於長安市酒店。唐明皇有令召之。再呼亦不下船。因此地乃一好快活逍遙之所。而且他不貪富貴者也。求得此簽者。宜看各事等問。不可貪心。勿與人爭長短。故且色即是空即是色。不為物慾所累。退一步想。自然快樂。以簽論之。凡事亦平穩無碍。

本文

第六十一枝　下下

占驗　古人十二金牌召岳飛

十二金牌速召回　奸雄設計幾時灰
可憐一旦功勞散　老少扶車不斷哀

仙機

財破耗　利亦無　宅不安　更不好
行未到　孕與病　積善補　謀望事
蚕與畜　皆辛苦　問婚姻　不宜做
問風水損丁兼破財
問遺失難以得原物
問自身防疾病是非
問天時辛苦而無功
問出行防小人口舌

「附註」宋岳飛。大敗金人。奸臣秦檜。設法假冒聖旨害之。擅用十二度金牌。召岳飛收兵回朝。使岳飛之兵散局。而不成就。老少扶着岳飛之車而泣。哀聲不斷。岳飛卒被秦檜害死。此簽有凶無吉。求得此簽者。事事要提防小人侵害。且要多行善事。廣結善緣。乃能消此剋氣。逢凶化吉。轉禍為福也。宜當天作福吉。

普濟壇黃大仙靈簽

第六十二枝 中平

占驗 古人 孔子不仕

美玉於斯韞匱藏 休求善價費商量
沽之亦可隨相待 此物何須自看常

本文

仙機

行来到 病愈遲 孕無碍
婚不宜 蚕與畜 利亦微
欲求財 要依理 謀望事
宜待時 家宅吉 勉修為

問風水將来必發達
問遺失尋之勿心急
問自身積善自發達
問天時氣候漸可喜
問出行合時乃可去

「附註」美玉藏之於櫃。必要人来問到。如肯出高價錢。我然後發貴。不可求人買。將自己看低。而賤價售之也。若求得此簽凡事不必心急。必須要待時機。而後方可動。如若自己看低自己枉道求合。究不如守舊為高也。凡事平穩。無甚阻滞遂漸光明矣。

本文

第六十三枝　中吉

陋巷簞瓢不足愁　旁人見此甚為憂
不知樂道忘貧乏　亞聖芳名萬古留

占驗　古人顏回樂道安貧

仙機

家宅吉　謹慎宜　婚可合　利可得
病可醫　名與財　行漸歸　問六甲
謀望事　勿妄思　蠶與畜　無驚嚇
問風水平穩無妨碍
問遺失尋之尚未得
問自身安份自平安
問天時知命可無憂
問出行苦中有甘味

「附註」古人姓顏名回一簞食。一瓢飲。在陋巷。旁人見之甚憂。而顏子自樂其道。他不知自己之窮。工夫做到聖人地位。而名留萬古。求得此簽者。舉凡務須要隱忍苦。一切財利。不可貪戀。一於真心修善。則實至名歸。名垂不朽矣。就令到貧乏終身。亦無礙也。此簽有吉無凶。

普濟壇黃大仙靈籤

本文

第六十四枝　中吉

占驗古人　孟子反殿師

奔殿須知上古人　入門策馬不誇能
敗師誰肯甘從後　託謂鳴驄畏苦辛

仙機

名利無　行歸遲　畜與蚕
慎有利　爭與病　當禱祈
能修善　家宅美　問婚姻
總不宜　謀望者　當待時

問風水丁財不甚發
問遺失尋之恐不得
問自身修善乃平安
問天時世界不甚美
問出行去恐有不利

「附註」昔魯與齊戰。魯師敗北。孟之反奔到收尾第一。謂之殿軍。此有功能最著者也。在人必誇張不已。孟之反乃入門策馬曰。非敢後也。馬不進也。此不誇自己之功能。孔子嘗稱贊之。求得此籤者。凡事要忍辱待人。不可與人爭論。謹以修德寬心接物。如此可逢凶化吉矣。

本文

第六十五枝　下下

占驗古人　胭脂井藏妃

隋滅陳時戰伐紛　都因妖媚閉明君
東奔西赴無藏息　井裡胭脂隱玉人

仙機

孕有驚　必應驗　問行人　財不遂

病有險　畜與蚕　多阻礙　宅欲安

謀望凶　有損害　婚莫成　修善果

問風水傷丁兼耗財
問遺失難以得原物
問自身修善乃消災
問天時悽慘無可避
問出行敗壞莫扶持

「附註」昔陳後主。為張貴妃孔貴妃所媚。昏迷之極。隋高祖起兵伐之。陳後主東奔西走。無可藏匿。遂與貴妃等隱藏於宮中之胭脂井。隋兵到。以繩引之而出。執之以歸。遂將陳滅。敗國而喪身。此乃極凶之籤也。求得此簽者。凡事要謹慎。勿受小人昏閉。多行善事。乃能消此剋氣。轉禍為福也。此簽最要防女子小人口舌。宜天后廟作福吉。

普濟壇黃大仙靈簽

本文

第六十六枝 上吉

占驗：古人羲之會羣賢

蘭亭雅會聚羣賢 曲水流觴舍管絃
天朗氣清風惠暢 茂林修竹樂怡然

仙機

行即至 財即盈 蚕與畜
有修成 能修善 更揚名
病即愈 宅安寧 謀望事
萬事興 婚可定 孕無驚

問風水丁財皆可發
問遺失原物可尋得
問自身安樂多貴人
問天時豐稔大可喜
問出行往來皆吉利

「附註」古人王羲之。三月三日。合衆賢人至會稽山之蘭亭。是日天氣朗潤而不暗。惠風和暢而不寒。此地有茂林修竹。王羲之與羣賢。曲水流觴而飲酒。此乃一種自在逍遙快樂景象。此簽百事吉祥。此簽乃上吉。是快活景象也。與第七十八枝相同。以三月占得該簽為最合。

本文

第六十七枝 中平

占驗 古人李元霸稱雄

人雖勇力不能當 莫恃英雄獨冠場
可挾泰山超北海 身心猶貴重存亡

仙機

謀望事 要參詳 孕無碍
病禱禳 蚕與畜 謹慎良
行未至 宅平常 婚不合
名未揚 財難得 積善昌

問風水美中防不足
問遺失原物恐難得
問自身謹慎可無碍
問天時防有意外事
問出行凡事不可恃

「附註」人雖有勇力。不可自恃。稱第一英雄。就是能做得世間極難之事。為挾泰山以超北海。而此身也要保重。慮其存而易亡。此心要持守。不可亡而不存也。求得此簽者必要存一点善心。凡事和靄。自無不吉矣。

普濟壇黃大仙靈籤

本文

第六十八枝　中吉

占驗　古人姜公遇文王

久抱凌雲志未舒　荷竿渭水釣遊魚
文王千里求賢士　滅紂興周任意如

仙機

財可得　病可醫　婚姻合　問風水此地將發貴
行必歸　蚕與畜　皆有利　問遺失尋之或可得
宅平常　孕可喜　問謀望　問自身交運漸興發
亦相宜　問功名　亦合時　問天時苦盡而甘來
問出行去之亦順利

「附註」古人姜太公。久有出身之志。而未合時。隱於渭水釣魚。及文王遠求賢士。拜姜太公為卿。滅商興周。任其意思自如。此籤乃先難後易。求得此籤者。凡事存一片善心。守慎安命。順時聽天。終必有貴人指引提拔。事事如意吉祥。榮華發達也。試拭俟之。又此籤要藏器待時。與八拾四枝籤相似。

本文

第六十九枝　中吉

古人韓文公祭鱷魚（占驗）

忠義存心官十載　年豐民樂惠難忘
鱷魚毒害都能息　禱告長江北海王

仙機

病與孕　當禱禳　蠶與畜
無損傷　問謀望　亦無妨
宅平穩　積善昌　行人動
漸回鄉　求財者　大吉昌

問風水好心得好地
問遺失原物或可得
問自身修善可平安
問天時善者多順利
問出行忠直者可去

「附註」韓文公為潮州刺史。忠心為國為民。年豐民樂。潮州大海有鱷魚食人。韓文公祭之。其害遂止息。求得此簽者。務雖要自己存一点善心。宜多行方便則善氣所感。可逢凶化吉。刦運可消除矣。就此簽論。平穩無碍。有吉而無凶。但要防避小人是非口舌。

普濟壇黃大仙靈簽

本文

第七十枝 中平

占驗 古人塞翁失馬

可比當年一塞翁
雖然失馬半途中
不知禍福真何事
到底方明事始終

仙機

問謀望
當祷禳
行未至
不必議

不甚宜
蚕與畜
財亦微
宅安否

孕與病
當慎之
問婚姻
難定時

問風水興敗隨時轉
問遺失得失當安命
問自身為善多平安
問天時豐歉未可知
問出行善者不妨去

「附註」古人塞翁失馬。人吊之。塞翁曰安知非福。隨後馬回。人賀之。塞翁曰安知非禍。其子騎跌傷足。人亦吊之。塞翁曰安知非福。其後秦王築城。各家也要人去築城。塞翁以其子不便於行動。遂免。是福也。人生禍福。雖外得定。到底方知。惟行善者。禍可以轉為福。若求得此簽者。不可以現下有福而歡喜。亦不可因現下而有禍者而憂愁。總要立定主意一於行善。方便於人。此簽吉凶雖定。隨人自作。凡事宜子細方可避免。

本文

第七十一枝　中下

占驗
古人莊周激水活鮒魚

涸轍之中鮒困之　窮通自可卜當時
若能引得西江水　他日成龍也未知

仙機

孕有驚　行歸遲　謀望事　積善宜
病可醫　蚕興畜　當待時　若婚姻
財難得　勉力為　宅運滯　不必議

問風水　失運未能發
問遺失　目下尋未得
問自身　運滯要修善
問天時　當用人事補
問出行　待時方可去

「附註」魚困於水車坑。辛苦極矣。若引西江水來救之。則他日成龍。未可知也。求得此簽者。有受困而難得貴人之象。要立即修善以感動人心。後必有貴人來提拔。轉禍為福。宜早不宜遲。如魚失水。不能待而太遲也。此簽乃凶多而吉少現下尚未定者。全在人事而為之。

普濟壇黃大仙靈簽

本文

第七十二枝　中平

占驗　古人　宋人守株待兔

兔兒久待意何如　堪嘆愚人獨守株
算是無能令我笑　不須守舊自拘拘

仙機

財難得　行歸遲　謀望事
不可為　蚕與畜　得利微
孕無得　婚不宜　問疾病
當改醫　宅平安　修善美

問風水平局無可取
問遺失當出法再尋
問自身改過乃平常
問天時有轉機乃吉
問出行去亦不合意

「附註」古人有看守一樹而待兔來者。待之甚久。不見兔來。此人仍守此樹而不去。其愚拙無才能。真冷人笑矣。求得此簽者。不可拘拘於守舊。若一味固守。雖屬無大碍。究亦無益也。又何苦而為此哉。

本文

第七十三枝　上上

占驗
古人狀元衣錦榮歸

夾道花香襯馬蹄　藍袍改換錦衣歸
滿街紅粉皆爭羨　翹首芳名雁塔題

仙機

名大貴　財大利　病即癒　問風水必發丁財貴
行即至　問六甲　生貴子　問遺失尋之必可得
家宅旺　有貴氣　蚕獲利　問自身平安必發達
畜亦美　謀望事　大可喜　問天時豐稔真得宜
問出行事事皆合意

「附註」中進士點狀元謂之雁塔題名。著藍袍去換轉錦衣而歸。一路花香襯馬蹄。滿街都是紅粉女。爭看狀元來。此乃群衆歡呼快活之事。求得此簽者。萬事皆吉祥。

普濟壇黃大仙靈簽

本文

第七十四枝　下下

占驗 古人 朱買臣分妻

回憶當年運蹇時　夫妻反目兩分離
名題雁塔歸來候　覆水馬頭時否悲

仙機

婚不利　財不來　蚕與畜
亦有喜　行未歸　孕有碍
宅運滯　病難醫　謀望凶
多改移　急修善　方可為

問風水此地有損害
問遺失雖尋亦難得
問自身修善可安康
問天時刻數有可能
問出行有福難扶持

「附註」古人朱買臣。家貧其妻求去。隨後朱買臣大貴。其妻愁恨。欲想求再為夫妻而不得。如能覆水於馬頭。此水已經傾落地。難以收得翻也。求得此簽者。凡事要隱忍受苦。将来必有發達之日。若不能立定堅志。遇有不如意之事。即欲求改過。到時必恨錯難翻矣。就此簽論。有凶無吉須知機可也。

本文

第七十五枝　下下

占驗古人　倫文叙戲妻

婚姻起可厭家貧　文叙夫妻兩拆分
一旦首登龍虎榜　戲妻樓墜自身亡

仙機

財難得　婚莫成　蚕與畜
少收成　行未至　孕難成
謀望事　不可行　病難愈
宅不寧　速修福　免禍生

問風水丁財多損害
問遺失難得回原物
問自身行善可免災
問天時總不合意人
問出行去之必不美

「附註」古人倫文叙。家貧。其妻因改嫁去。及倫文叙中狀元回家。其妻恨錯難翻。在樓上投落地下。自盡而亡。此乃極之簽也。求得此簽者。凡事總要安份守己。不可多心妄想。捱得苦楚。然後苦盡甘來。因禍而得福也。世界花花。不外循還兩字。否則極必見泰來。若不修養而妄動橫行。禍機一發。是時悔之莫及矣。

普濟壇黃大仙靈簽

本文

第七十六枝　中平

占驗　古人修身不厭貧

人能樂道自修身　疏水曲肱豈厭貧
不義而富且富者　我心都作是浮雲

仙機

名與利　勿貪求　蚕與畜
夾收利　問行人　未回頭
若婚姻　非佳耦　孕無碍
宅平常　謀望事　枉商量

問風水　此地難發財
問遺失　尋之亦難得
問自身　修善得平安
問天時　平常不甚美
問出行　淡薄難稱意

「附註」昔孔子食粗飯。飲水。枕手肱。不厭自己貧窮。仍然快樂自修其身。不合義之富貴。視之如浮雲之無有。求得此簽者。因要隱忍。受得艱辛。不可有厭氣且要樂心行善事。修身積德。然後把定自心腸。不貪不謀也能安貧樂道始終無怨心。將來必有番佳景。可預卜之。不用憂疑也。

本文

第七十七枝　中平

占驗　古人公冶長受辱

鳥語能通公冶長　南山有個虎馱羊
其身雖在於縲絏　到底非關自己殃

仙機

宅運滯　多是非　婚不合
病可醫　蚕與畜　得利微
孕勿驚　行歸遲　求財難
勿妄為　問謀望　不甚宜

問風水失運勿妄動
問遺失尋之亦不得
問自身防有病口舌
問天時意外有不美
問出行凶多而吉少

「附註」古人公冶長。能通曉鳥之言語。家貧無飯食。有一鳥話南山有只虎拖羊。公冶逐往南山執羊食之。而失羊之人。疑公冶長偷羊。告官出差。將公冶長押在獄中。到底非關自己有罪也。隨後又得此鳥救還公冶長出獄。求得此簽者。凡事要謹慎。不可輕聽人言。不可理人問事。自己惟以收善為心。雖有意外之慮。受人冤屈。不可與人爭論長短。終必有救星。可逢凶化吉。此乃先難後易之簽。要防小人。

普濟壇黃大仙靈簽

本文

第七十八枝　上吉　占驗古人　曾點論志

瑟希鏗爾尚留聲　春暮時剛春服成
冠五六人童六七　舞雩歸詠暢幽情

仙機

財可得　病無憂　宅安樂
婚可求　蚕與畜　多利收
問行人　即回頭　問六甲
生男子　謀望吉　任你謀

問風水一定發丁財
問遺失乃得回原物
問自身平安多貴人
問天時事事如人意
問出行往來皆吉利

「附註」昔曾點與孔子言志。鼓瑟希鏗爾。舍瑟而作。但話時逢三月。暮春之衣服。單衫夾衲。剛已縫起。與二十歲之冠者。即已婚之人。約五六人十五六歲之童子。又約六七人。同一隊往魯國沂水處。漱濯其身。舞雩林下乘凉。一路唱歌而歸。以此為舒暢其心情。此乃快活之景象也。求得此簽者。凡事必須安守本分。再與人同。則隨時隨地無不優遊快活矣。此簽乃是上吉之簽。三月抽之最合時宜。

本文

第七十九枝　中平　占驗 古人張良悟道

富貴有如春夢熟　世人何苦力爭求
任他秉笏當朝立　到死惟留土一坏

仙機

名與利　勿貪求　病與孕
求神助　蚕與畜　少收成
行未到　婚莫謀　宅平常
德宜修　謀望者　待時候

問風水平常無可取
問遺失尋之亦難得
問自身安份勿勞碌
問天時平淡無可喜
問出行徒勞而無功

「附註」富貴如春夢。一醒便無。世人何苦強求。任你做相封候。官居極品。人生數十年光景。死後惟賸一堆坭土而已。言念及此。殊覺冷淡。求得此簽者。惟安份守己。切勿起貪心而妄求。更要存心積善。名垂不朽。萬載留存。乃為實際。切不可以虛之心來對人。此簽無歡喜之處。亦無害處。平常而已。

普濟壇黃大仙靈簽

本文

第八十枝　中吉

占驗古人　樂廣釋疑

飛觴對舞幾時賒　弓影橫杯誤作蛇
猜透詩中元妙訣　泰來否極事無差

仙機

財可得　病可醫　畜與蚕
微有利　孕可喜　行漸至
婚可合　謹慎宜　宅平安
漸得宜　問謀望　亦合時

問風水此地將興發
問遺失尋之或可得
問自身由苦而得甘
問天時半憂半可喜
問出行到底亦無妨

「附註」飲酒歌舞。本極快活。而杯中弓影。作錯誤認為蛇。是無事而為有事也。不知人衰到極。地天道循環。自然否極泰來。斷無差錯。可預卜之。求得此簽者。必要力行善事。常可以對人而愧。對鬼神而無懼。則心有主宰。遇艱苦之事。亦易做作。不至誤為蛇落杯弓弊。此乃衰極而轉歸榮發之簽也。凡事俱平穩無碍。

本文

第八十一枝 中吉

占驗古人 雎雉朝聖

山梁雎雉得其時 上下飛鳴自樂之
色舉須知翔後集 作聲三嗅過山歌

仙機

財可得 當子細 謀望事 亦安康
行亦歸 蚕與畜 要知機 能謹慎
孕與病 微有利 問家宅 大吉昌

問風水審慎方可用
問遺失尋亦要知機
問自身安樂須防避
問天時事勢有改移
問出行險處要迴避

「附註」孔子與子路經過橋邊。見山上有一雌雉鳥飛上飛落。真得其時。看見有人想害自己之顏色。即時高飛遠去。四圍審慎乃敢棲止。又鳴三聲而飛過山側。此有驚險之意也。鳥之知機如此。求得此簽者。觸物思人。當要識時務曉機關。遇有不合意者。勢色不同。立即轉機退避。探真地步。穩陣無險。方可做去。恐人害己。而入其牢籠而不知。故要提防小人及是非也。此簽。如將一切口舌避免方吉。

普濟壇黃大仙靈簽

本文

第八十二枝 中平

聖人擊磬在於衛 誰料過門有荷簣
嗟嘆有心挽道窮 可憐日月令將逝

古人孔子擊磬 占驗

仙機

行未歸 病愈遲 蠶與畜 問風水財滯多口舌
得利微 欲求財 要待時 問遺失尋之亦難得
宅平常 婚不宜 問六甲 問自身修善免是非
當禱祈 謀望者 宜慎之 問天時氣運不甚美
問出行防小人口舌

「附註」昔孔夫子在衛國擊磬。有一人挑一擔剷草簣行過門口。聞磬聲而嗟嘆。話擊磬者係有心救世之人。可惜今日年紀將老耳。求得此簽者。凡事當以救人為己任。或出錢或出力。有利益於人者便要做。幽則有神聖賞。明則有人稱義。何樂不為。若年紀老更要及早行善以救人。必有貴人扶助也。此簽似有憂愁氣象。問事者亦平常。無礙。平穩但是非小人口舌。恐難避於無矣。宜慎防避之者吉。

本文

第八十三枝 中平

占驗古人 赤松子招隱

凡塵身歷幾時閒 世事渾如疊疊山
既富尚憂無貴子 不知花放又花殘

仙機

名與利 勿貪求 蚕與畜
亦無憂 行未至 婚莫謀
宅平安 病可療 孕生女
命所招 謀望者 勿紛擾

問風水平穩勿多心
問遺失尋之恐難得
問自身多事便勞神
問天時難得其全美
問出行安份勿貪謀

「附註」人在凡塵。無幾時得閒暇。冷眼一看。世事之多。堆積如山。既得富而有錢。尚憂無貴子。得一件又想別件。須知花花世界。花開則花又謝也。此簽之意。世道循環。無長久富貴。一切功名錢財妻子。第一要知足。第二要看化。隨遇而安。不為世事所累。庶幾此身有日清閒耳。世界萬千。如花放花殘一般。喚醒夢中人。

普濟壇黃大仙靈簽

本文

第八十四枝　中吉

滿腹奇才志未冲　鐵鷄難舉意無容
張良指示身投漢　項羽烏江命自窮

占驗 古人　韓信棄楚歸漢

仙機

財可得　病可醫　蚕與畜
均有利　宅平安　行漸至
問六甲　亦歡喜　謀望者
細參詳　有貴人　任前向

問風水此地將自發
問遺失用方尋可得
問自身榮發要待時
問天時先難而後易
問出行無意遇貴人

「附註」漢朝韓信。滿腹奇才。而不得志。力弱欲舉鐵鷄而不得。隨後遇張良。教之投入漢高祖軍中。輔佐高祖。擊敗項羽。在烏江自刎。此簽乃先難後而後易也。求得此簽者。作事不可心急。暫時安份守己。行善修福。終必有貴人提拔。風雲際會。榮華發達。吐氣揚眉也。人生斯世。時運未到。藏器待時可也。此簽要藏器待時。與第六拾八枝相同。

本文

第八十五枝 上吉

占驗古人 太乙燃藜

太乙燃藜照讀書 十年窗下苦功舒
揚眉吐氣袍穿錦 駟馬高車擁道隨

仙機

名可成 財亦得 行人回
家宅吉 問六甲 生貴子
婚宜合 病漸除 蚕與畜
獲大財 謀望事 貴人來

問風水此地必發達
問遺失尋之終可得
問自身平安兼發達
問天時豐稔大可喜
問出行往來皆迪吉

「附註」太乙神燃藜杖。照我讀書。又用十年辛苦工夫。一旦得大貴回家。身穿錦袍。有高車駟馬隨後。此榮華發達。快活無憂之景象。求得此簽者。萬事如意吉祥。貴人得力。敢决求得此簽者。必定丁財兩旺也。

普濟壇黃大仙靈簽

本文

第八十六枝　中平　占驗古人　侃母迎賓

截髮迎賓否也貧　貧中賢婦更何人
古今祇有陶侃母　所以名留萬代聞

仙機

婚可合　病可醫　孕生女
行人歸　畜與蠶　皆有利
財可求　家宅美　問功名
亦可求　謀望事　好綢繆
問風水平穩無妨碍
問遺失尋之或可得
問自身苦盡而甘來
問天時淡中有真味
問出行去之亦合時

「附註」昔陶侃之母。家貧有客到。截自己之頭髮賣之以買酒待客。人皆知之稱為賢婦。名留萬代。求得此簽者。凡事要隱忍待時。雖困窮到極。若存正直之心。終必有好處在日後也。若現日困難。切不可妄動橫行也。此簽中吉。與第六十三枝相同。

本文

第八十七枝 中平 占驗古人 荀陸座談

會談華座逞英雄　究竟誰人秉大公
一云日下荀鳴鶴　一說雲間陸士龍

仙機

問家宅　防是非　蚕與畜　問風水當細心審擇
得利微　財難求　行未至　問遺失乱覓尋不得
孕無碍　病可醫　問婚姻　問自身防小人口舌
問天時事勢須防避
當另議　謀望事　不甚宜　問出行恐惹由是非

「附註」荀鳴鶴陸士龍。皆古時出色英雄人物。有一日。荀陸兩人相遇座中談論。一人講一樣。各逞英雄。難分第一。終之無人能秉公執斷之。此有口舌是非之象。求得此簽者。不可乱听人言。及與人爭執。則逢凶可以化吉。平安無事。此簽不凶不吉。平平穩穩。但要防是非口舌。言語都要謹慎為是。

普濟壇黃大仙靈簽

本文

第八十八枝　中吉

占驗古人花木蘭從軍

替父從軍胆氣雄　鬚眉巾幗幾人同
以身報國忠而孝　笑煞當時衆鉅公

仙機

財可得　病可醫　孕生女
行漸歸　問婚姻　配合宜
宅平安　勝舊時　蠶與畜
亦有利　謀望事　合設施

問風水此地有可取
問遺失力尋必可得
問自身義氣得美名
問天時苦中有甘味
問出行去之無防碍

「附註」昔有女子花木蘭。代父從軍出戰。以身報國。盡忠兼能盡孝。本係着女子巾幗。而有男子鬚眉氣概。英雄胆志。當時許多出色人物。袞袞諸公。皆不及此女子。真可笑矣。求得此簽者。當即勇往向前。不辭勞苦。人所難造者。自己盡心竭力造之。有此氣概。事事皆吉。就簽論之。凡事均如意吉祥無碍。

本文

第八十九枝　下下

占驗 古人 吳季子掛劍

他鄉遠歷佩魚腸　誰料徐君意欲將
既返顧爲相贈答　且懸樹下表情長

仙機

病難醫　人有險　行不歸
婚有変　宅不安　各修善
謀望事　無應驗　蚕與畜
小入息　財強求　必貧極

問風水此地傷丁財
問遺失尋亦空費力
問自身運滯極艱辛
問天時勞苦無所益
問出行講義不講財

「附註」吳季子。佩着寶劍遊歷他邦。經過徐國。徐君見此劍而其甚愛之。季子欲待遊罷之後。再經過徐國。然後將此劍送與徐君。及返。徐君已死。季子將劍掛於徐君之墳墓前樹下而去。以表自己之長情也。求得此簽者。凡事要謹慎而行。切不可隨意。如屬問自身簽。探喪問病都不宜去。以免沾染病痛也。宜向社壇作福吉。

普濟壇黃大仙靈簽

本文

第九十枝　中平

古人占驗　紅拂女私奔

細整殘粧夜欲奔　座中李靖更何人
那知虬髯情鍾處　拔劍三回未敢陳

仙機

財難得　病可醫　蚕與畜　問風水平淡無可取
得利微　孕有驚　行歸遲　問遺失雖尋亦難得
宅平常　婚不宜　謀望事　問自身修善保平安
不可為　問功名　要待時　問天時喜中有不美
問出行財利勿相爭

「附註」昔有紅拂女。與李靖有私情。夜欲私奔。紅拂女方梳粧。適遇虬髯公到。見此女而鍾愛之。李靖以為虬髯公調戲此女。欲拔劍斬之。紅拂女止之。拔劍三次而未敢斬。彼此隨後。亦無妨碍。求得此簽者。凡事隱忍讓人。方能逢凶化吉。就簽而論。不得為吉。亦不得為凶。不過無大碍。平淡而已。

本文

第九十一枚　上上　占驗古人　月裡嫦娥

蟾宮月殿桂飄香　玉簇團圓萬里光
六水三山歸鏡裏　無瑕一片掛窮蒼

仙機

病即愈　行人回　蚕興畜
獲大財　問六甲　貴子胎
家宅旺　如求財　婚姻合
諧唱隨　謀望事　無阻碍

問風水發丁貴與財
問遺失尋即得原物
問自身平安兼順利
問天時事事合人意
問出行處外亦可喜

「附註」月光圓滿。丹桂飄香。無半点雲霞遮蔽。萬里光明。四圍山水都照見。求得此簽者。凡事如意吉祥。毫無阻滯。謀望亨通。有求必就。若秋天抽之。更覺合時

普濟壇黃大仙靈簽

本文

第九十二枝 中吉

占驗 古人 在齊聞韶樂

至聖周流列國行 在齊得聽奏韶樂
三月不知嘉肉味 善哉大道可功成

仙機

婚可合 病可醫 財亦有
行漸至 畜與蚕 皆有利
問六甲 亦無驚 問家宅
亦安寧 謀望事 有功程

問風水可以發丁財
問遺失尋之亦可得
問自身調養要得宜
問天時風雨合人意
問出行去之亦大利

「附註」昔孔子周遊列國。在各國聞人作詔樂。因之學作詔樂。有三個月之久。每膳都不知肉味。其專心爲此。必得成功矣。此簽大意。言人凡事能專心做去。則必成功。求得此簽者。作事要有實心。有堅志。不可分心騖外。則自然有吉無凶矣。凡事順利。

本文

第九十三枝　下下
占驗　古人　孔子聞鄭衛之音
鄭衛之音不忍聽　淫風敗俗國將傾
令人深入迷津路　所奏全非古樂聲

仙機

財難求　病愈遲　行人阻
婚不宜　蚕與畜　亦無利
謀望事　不可為　孕有驚
宜禱祈　宅不吉　宜慎之

問風水此地損丁財
問遺失難尋不能得
問自身有阻障不安
問天時世界總不異
問出行敗壞難扶持

「附註」鄭衛之音。敗壞風俗。至於亡國。令人聽聞一味昏迷。有損無益。求得此簽者。凡事當謹慎。擇善而行。一切聲色財利不合義者。切不可貪。一貪必至敗家喪身矣。要防小人說是說非。慎勿輕信人言。

普濟壇黃大仙靈簽

本文

第九十四枝 中平 占驗古人 髯公遠走扶餘

一窩難容兩虎兒
乘風別嶺各棲之
名山自守為巢穴
可免傷殘後悔遲

仙機

蚕與畜 謹慎良 病與孕
恐有傷 宅有碍 積善昌
財難得 婚不祥 行人滯
未田鄉 謀望事 枉商量

問風水有地要另遷
問遺失尋之恐難得
問自身恐小人口舌
問天時風雨不合宜
問出行有害要迴避

「附註」一山不能藏兩虎。若有風起。當乘風而分棲別嶺。各守一巢穴。免至兩家相爭。兩家都受禍恨錯難返也。求得此簽者。兩人謀事。必不成。即成。亦難得長久和衷共濟。凡事總要知機。預先退避。不可勉強做去。又要審度時勢方可舉行。如虎之待有風。乃可分居別處。如此則彼此可免傷殘矣。此簽山中似有吉。若能隱忍讓人。則可以轉禍為福。不可不知

本文

第九十五枝　中平

占驗　古人女媧煉石補天

功勤一簣可成山　由少而多莫憚煩
作事畏辛今汝盡　補天煉石亦無難

仙機

宅平常　積善品　病可醫
孕禱禳　蠶興畜　亦無妨
行未至　婚不良　求財者
亦平常　謀望事　當自強

問風水　無發要另尋
問遺失　尋之要用力
問自身　保重便平安
問天時　辛苦有微利
問出行　勤苦乃成功

「附註」勤力担坭。一簍又一簍。由少多可以積成一山。今汝作事每好逸惡勞。是劃地自限也。若能立定堅志。努力向前。如女媧氏煉石以補天。亦無難事也。求得此簽者。凡事要不辭勞苦。勤懇用功。終必有成。可以一勞永逸苦盡甘來也。此乃平穩之簽。不用憂疑。

普濟壇黃大仙靈簽

本文

第九十六枝　中平　占驗 古人　遊子思家

羌笛頻吹韻更悲　異鄉作客觸歸期
南來孤雁如憐我　頻寄家書轉達知

仙機

行未至　病愈遲　宅運滯　婚不宜
蚕與畜　得利少　孕有碍　財未至
謀望事　要待時　凡作事　多滯機

問風水丁財俱蹇滯
問遺失尋之亦難得
問自身有阻隔不安
問天時風雨不如意
問出行徒勞亦無功

「附註」凡遊子出外作客。以依期歸家為快。今作客他鄉。聞吹羌笛之聲。音韻悲切。觸起回家日期。而未得歸。惆望雁鴻憐我。代我帶封書信回家。俾家人知道平安消息。此乃出路艱難景況。求得此簽者。凡事切宜謹慎。秋季更宜注意。宜向天后娘娘作福吉。

本文

第九十七枝　中平　古人占驗　康順釣魚

凴欄晚眺倚南樓　滿目風先景色幽
一葉小舟頻下釣　漁翁釣得有魚無

仙機

財難得　病愈遲　畜與蚕
得利微　謀望事　宜慎之
孕無碍　行未至　問婚姻
另擇良　宅平常　積善昌

問風水　此地無可取
問遺失　尋之無所得
問自身　辛苦未得安
問天時　勤苦不如意
問出行　苦中有滋味

「附註」凡取魚者。用網則一拋而得魚多。用釣則逐箇而得魚少。今登樓晚望。滿目佳景。見一艇細小如葉。浮泛水面。不甚穩陣。漁翁頻頻下釣。未得休息。而仍未知釣得魚否。此簽仍無大碍。但凡事宜謹慎。

普濟壇黃大仙靈籤

本文

第九十八枝 中平

古人占驗 管鮑分金

入山種玉嫌田狹 掘地尋金厭客多
富貴貧窮天注定 世人何苦力奔波

仙機

畜興蚕 得利微 孕無驚
行遲歸 宅平穩 婚不宜
財難得 病可醫 問謀望
願難償 勞無益 早收場

問風水 想發丁財難
問遺失 尋之恐費力
問自身 知足便無憂
問天時 得失有天意
問出行 辛苦無所益

「附註」入山種玉田狹則收成。少掘地求金。人多就會分薄。實則為人不必如此辛苦。奔波。因富貴二字。有前生因果。上天已安排分配注定矣。求得此籤者。凡事宜力到力為。修善栽植福基。自然可以獲福。不必強求。所謂不須着意求。自有奇逢應也。此籤平穩無碍。不用憂疑。

本文

第九十九枝　中平

占驗 古人 韓文公遇雪

雪擁橋頭馬不前　風狂漁父莫開船
水流花謝人誰惜　早立堅心志勿偏

仙機

行未至	病慎醫	財難得
婚不宜	謀望事	要待時
孕無碍	名亦遲	蚕與畜
少利錢	宅平常	結善緣

問風水此地當山煞
問遺失尋之要着力
問自身阻隔未平安
問天時風色有不美
問出行去必惹禍歸

「附註」唐朝文公。被貶往潮州為官。來到秦嶺。遇大風雪。馬不能行。船亦不開行。所謂「雲橫秦嶺家何在雪擁藍關馬不前」進退維谷。幸得其猶子。湘子。救獲。始獲脫危難。求得此簽者。凡事務須謹慎。更宜防小人口舌與是非。此簽雖無大碍。亦無可喜。能謹慎。可得平穩而已

普濟壇黃大仙靈籤

本文

第一百枝　中吉

占驗　古人　唐明皇賞花

百花競放賀陽春
萬物從今盡轉新
末數莫言窮運至
不知否極泰來臨

仙機

宅運轉　善財昌　病漸愈
婚亦良　行漸至　孕無傷
畜與蚕　亦有利　求財者
漸得意　謀望事　大可喜

問風水漸漸發丁財
問遺失尋之亦可得
問自身衰極轉好運
問天時絶處有生機
問出行貧賤轉富貴

「附註」此簽乃收尾第一。數目到此。則為盡頭。人運到此。則為窮極矣。惟窮極無路。轉移在人。易窮則変。変則通。天運循環。無往不復。如百花争放。以賀新春。萬象維新。人亦從此改過從善。滌慮洗心。舊染污濁。煥然一新。雖目前否塞之極。自有亨通榮發之時也。求得此簽者。漸進佳境。苦盡甘来。轉禍為福也。

黃赤松大仙真經

赤松黃大仙解寃咒

南無佛　南無法　南無阿彌陀佛　紫微金耶
摩阿摩阿彌陀佛　彌勒佛　百千萬億佛　恒
河沙數佛　無量功德佛　能救三災百難苦
能超地獄衆陰魂　南無佛　南無法　呵哪摩

唏彌陀耶　呵彌耶　唵　哪伽哪耶　南無阿彌陀佛

黃大仙放生咒

水勢洋汪　氣聚北方　生於一天
萬類咸昌　皆因孳重　報應昭彰
法網及人　苦不可當　上帝憐憫
教人心良　捨財救護　解脫死殃
我今施放　衆畜休慌　各認真性
修悟虛良　急急如
蓮池大師律令敕

啓教祖師讚

真心清靜道妙早成重陽佳節降辰星啓教祖師循循善誘人弟子敬誠隨步上瑤京靈通感化啓教祖師黃大仙明心聖佛

赤松大仙讚

金華洞化衆聖傳經驚迷普濟救群生勸善達人心頂禮師真萬刧盡消除運元威顯普濟勸善黃大仙大天尊

經筵咒

啓瑤壇禮誦經天地日月三光大衆神明一齊降鑒弟子心盡誠顏盡敬身盡清眼耳鼻舌意口念念皆

靜靜靜靜靜靜靜靜靜靜伏望俯垂鑒聽默佑得
福壽康寧

黃大仙真經

。南無皈依南無道。南無皈依南無諦。人間不
少大神仙。仙亦凡人修煉去。惟是我仙師則不
修行。八歲牧羊成道去。無他。前世幾生修
得來。故得金華洞裡住。吾仙師勸世間有性人
。存乎本來天性。孝弟忠仁義。廉恥禮節信
。皇天不負此賢人。自有臨頭報應。近則報
己身。遠報兒孫命。生前富貴享榮華。死後
爲神。爲仙玄妙證。須知積不善之家有餘殃

。積善之家有餘慶。試思我仙師晉朝。修道至
清來。于今方成名。蒙
玉旨封吾仙師顯聖。天地不少神與仙。亦無不以
普濟。存心於人世。惟是有職者不能閒。無
職者非
玉皇帝命。普慶壇成。普濟功。驚迷夢書。成
經細訂。吾仙師願世間。誦吾仙師經者。從吾仙師
言莫以口徒誦。而心無定。恍惚循行故事者。
不如自加餐高臥為貴也。吾仙師以孝弟忠仁義。
廉恥禮節信。而詳言之。

赤松大仙寶誥

懷胎十月否劬勞　睡濕眠乾苦自徒
長大成人如忤逆　問心真個不如無
棠棣花開三兩枝　椿萱堂上舞斑衣
隨行後長方為弟　不弟猶如不孝兒
受君之祿代君憂　方是為臣體自修
亂則辭官平則仕　問他忠字意何由
心中本德便為仁　恤寡憐孤又贈貧
念注慈祥恭且敬　不私自己大公人
處世交朋義貴先　英雄氣慨志怡然
莫將豪惡為真義　須顧奸雄手段牽
治家萬事廉為本　富厚都由此積來

不可常存今貝念　一身清淨樂何哉
為人最怕不知羞　奸詐邪淫起念頭
若得臭名留萬古　奚如芳字紀千秋
人世無非處五倫　禮當行者貴遵循
若教自僭兼常犯　到底何分疎與親
耿介操持志立堅　貞忠自守對皇天
切莫心如風擺柳　事無兩可理當然
輗軏難離大小車　為人無信一相如
返躬自問心何愧　是是非非莫妄施

廣成大仙真經

天地三光禮神明　孝弟仁義莫差遲
廉恥居心心常守　禮節一生人最重
忠信二字少不能　更兼施惠行方便
十者時時念念存　勿惜家財善為寶
一夕巳時枉徒勞　惟有善能隨我去
一夕巳時有神呼　世間多少修行士
心存惻隱戒屠刀　物由我生物生我
將他比巳盡消磨　無任神光來鑒察
洗除俗慮度天河　誦經不敢心違誦
誦經果是依經造　禍去福來世澤綿

國家圖書館出版品預行編目資料

黃大仙靈籤開示語錄 / 黃大仙著. -- 初版. -- 新北市：華夏出版有限公司, 2023.05
面； 公分. --（Sunny 文庫；299）
ISBN 978-626-7296-09-7（平裝）
1.CST：籤詩

292.7 112002492

Sunny 文庫 299
黃大仙靈籤開示語錄

著 作	黃大仙	
印 刷	百通科技股份有限公司	
	電話：02-86926066 傳真：02-86926016	
出 版	華夏出版有限公司	
	220 新北市板橋區縣民大道 3 段 93 巷 30 弄 25 號 1 樓	
	電話：02-32343788 傳真：02-22234544	
E-mail：	pftwsdom@ms7.hinet.net	
總 經 銷	貿騰發賣股份有限公司	
	新北市 235 中和區立德街 136 號 6 樓	
	電話：02-82275988 傳真：02-82275989	
	網址：www.namode.com	
版 次	2023 年 5 月初版一刷	
特 價	新台幣 220 元（缺頁或破損的書，請寄回更換）	

ISBN-13： 978-626-7296-09-7

尊重智慧財產權・未經同意請勿翻印（Printed in Taiwan）